AF280709

Jürgen Rehm

Wenn dich deine Plagen kratzen ...

Geschüttelte Gedichte

Januar 2002

Alle Rechte liegen beim Autor

E-Mail: j.rehm@schuettelreis.de

Herstellung: Books on Demand GmbH, Norderstedt

ISBN 3-8311-3438-3

Inhalt

Vorwort

Wenn dich deine Plagen kratzen,
und dir alle Kragen platzen,
schimpf' doch nicht so hitzig weiter,
bleib' gelassen, witzig, heiter!

Kinderernährung

Die Mutter bringt sie dem Sohne bei,
wie nahrhaft doch die Bohne sei.
So wurde dieser Wicht genährt,
und doch, er hat sich nicht gewehrt.

Sahneeis

Das Kind, das kleine, saß mit dem Ahne
zusammen am Tisch und aß mit dem Sahne.
Dann aß es noch das Eis mit der Sahne,
sei's mit dem Ahn, sei's mit der Ahne.

Fette Brühe

Die schwere Woche brachte mir Mühe,
die nette Köchin machte mir Brühe.
Ich mag so gern das Fett in der Brühe,
am Abend, mittags und im Bett in der Frühe.

Frühstück im Bett

Man weiß, dass ich die fette Butter
am liebsten früh im Bette futter'.
Für mich ist halt die feste Butter
beim Frühstück stets das beste Futter.

Gewichtzunahme

Sie wollte nach den Mengen Essen
nicht mit dem Maß, dem engen, messen.
So kommt es, dass der Pummel fast
schon nicht mehr in den Fummel passt.

Fast Food

Sie aß so gerne Chicken-Döner,
wodurch sie mächtig zunahm.
Da wurd' ihr Mann im Nu zahm
und fand fortan die Dicken schöner.

Strenge Diät

Oh je, wie ist die Mutter feist!
Das macht das gute Futter meist.
Jetzt nimmt sie ab. Die Mutti frisst
von nun an nur noch Fruttimist.

Essmanieren

Das Speisen ich als kesser Mann
mit Gabel und mit Messer kann.
Zwar ess' ich ungern meine Karotten,
ansonsten habe ich keine Marotten.

Vergebliche Fastenkur

Schon oft erfand der Günter Dinge,
dass schlanker und verdünnt er ginge.
Dass nichts an dem Gewicht genagt,
hat er zu sagen nicht gewagt.

Asiatische Ernährung

Reis hat bei Chinesen Wert,
weil er diese Wesen nährt.
Fallen um die Säcke Reis,
sagt so mancher Recke: „Sei's!"

Zukunftsfragen

Die Gunhild isst mit Manni Huhn,
gibt's Happyend und Honeymoon?
Ob da die Liebe der Gunhild
nicht mehr dem knusprigen Huhn gilt?

Kompromisse

Wenn ich um Bier voll Gier bitt',
gewährt es mir die Birgit.
Dann trink' ich es sogar mit
der Schwiegermutter Margit.

Naschkatze

Dieses süße Bäckerlieschen
nascht gern von den Leckerbisschen.
Man findet in den Landbäckereien
ja auch am laufenden Band Leckereien.
Am liebsten würd' im Bäckereiladen
sie in der ganzen Leckerei baden.
Ihr Vater, der Herr Lutterbecker,
war auch ein solcher Butterlecker.

Gastarbeiter

Sie mussten schwere Latten heben,
und doch – die Menschen hatten Leben!
Solange sie Buletten haben,
sie gern sich in Manhattan laben.
Wie gern es die Mulatten haben,
wenn sie sich, wie sie's hatten, laben
und Bier zu den Buletten heben:
So lässt sich's in Manhattan leben!

Pilzsammler

Ich seh' in meiner heißen Wut
den Pilz mit seinem weißen Hut,
da ist er auch schon mein, der Pilz!
Nun leide ich an Pein der Milz.

Senf

Als ich einmal in Genf saß
– wir hatten uns in Genf versammelt –,
da roch es stark nach Senfgas,
denn leider war der Senf vergammelt.

Dinomania

Der Knabe sich im Kino duckt,
weil er so gerne Dino guckt,
und knabbert Chips in Reihe zwanzig,
doch von den Chips sind zweie ranzig.

Saure Drops

„Hier hast Du schöne Drops, mein Kind,
und der Geschmack ist Frucht, kein Mint."
Das Kind probierte fleißig Drops,
doch keiner schmeckte – dreißig Flops!

Reklame

Die Waschfrau liebt die reine Seife,
die Wäsche wird stets reingeweicht.
Am Cognac schätzt man seine Reife,
dem guten Freund wird Wein gereicht.

Verzauberte Pizza

Er hatte schon immer Calzone verehrt
und hat sie mit Wein und auch ohne verzehrt.
Zwar wurde die Pizza durch Zauber versehrt,
doch hat sie der Zauberer sauber verzehrt.

Im Fischrestaurant

Am Nebentisch der lahme Dachs
isst dort mit einer Dame, links,
den Hummer, dieses lahme Dings,
der rechts mit einer Dame Lachs.

Hülsenfrüchte

Heut' morgen muss sich Billy schonen,
denn gestern aß er Chilibohnen.
Nach dem Genuss so toller Böhnchen
erzeugt's nun einmal Bollertönchen.

Fischplatte

Der Schlemmer zeigt verhalten Kummer –
nichts schmeckt ihm von dem kalten Hummer,
und auch von einem schlappen Hecht
schmeckt ihm ein jeder Happen schlecht,
verschmäht gar die Forelle – sieh! –
und isst sich satt an Sellerie.

Kotzbrocken

Soll man, was uns die Hessen geben,
so einfach ins Vergessen heben?
Nach dem Verzehr der Hessengaben
sie einen in den Gassen heben,
und bald in ihrem Hassen geben
sie ab, was sie gegessen haben.
Was sie in ihrem Hassen gaben
zum Angedenk' die Gassen haben.

Zwangsernährung

Was ihn in diesen Gassen hält?
Ein Ruf ist's, der dem Hessen galt,
ein Ruf, der voller Hassen gellt:
„Dies Essen wird gegessen halt!"

Der Ruf noch durch die Gassen hallt.
Bist du 's, dem dieses Hassen galt?
Nun heißt es: Aufgegessen, Held!
Die Zeche zahl' mit Hessengeld.

Nächtliche Ruhestörung

Immer wenn Giuseppe trank
– er soff stets sechs Pokale Wein –,
er abends auf der Treppe sang.
Mir machten die Vokale Pein.

Geschütteltes Bier

Mir schmeckt das Bier, das Licher sehr,
manch Becher wird bald sicher leer.
Wenn ich zu viel von Licher sauf,
ob ich danach noch sicher lauf?

Der Melancholiker

Bereits nach einer Flasche Wein er fühlt,
wie sehr mit Inbrunst und Gefühl er weint,
worauf in dem Gemüt nun fein er wühlt.
Wem wäre wohl bei dem Gewühl er Feind?

Weinkauf

Wie sind im ALDI die Weine so billig!
Da hat er sich gleich mit Gekicher versorgt.
Zwar sind die Flaschen noch sicher verkorkt,
doch bald schon sind nicht mehr die Beine so willig.

Durchzechte Nacht

Wenn ich zu vollen Flaschen hink',
dann will ich eine haschen flink,
weil sich nun mal mein Wille mehrt,
zu heben den Promillewert.

Dann stelle ich die Buddel kalt,
ich weiß, es kommt der Kuddel bald.
Auch Leute, die in Hütten leben,
die wollen mal 'n Lütten heben.

Schon wird die Flasche wieder leer,
und hört, bald singt auch Lieder wer!
Wird dann die Flasche leer beim Saufen,
stört uns der Schnaps doch sehr beim Laufen.

Erwach' am Morgen ich versehrt,
dann hab' die Sorgen ich vermehrt.
Weil ich in jeder Lage tankte,
der Kater gleich für Tage langte.

Der Zecher

Da steht die Flasche – alter Wein –,
die schenkt sich gleich der Walter ein.
Dann ruft er froh: „Ich sauf' recht itzt!"
Wie lang' der wohl noch aufrecht sitzt?

Bayerische Gemütlichkeit

Im Gasthaus, zwischen festen Bayern,
lässt sich's beim Bier am besten feiern.
Sie scherzen, singen, lachen, raufen
und lassen's durch den Rachen laufen,
denn wer so wie ein Eber lacht,
gibt nicht auf seine Leber acht.
Nur einer von der Sorte wagt,
dass er hier keine Worte sagt.
Er schaut nur in die Runde stumm.
Schon wieder ist 'ne Stunde rum.
Doch niemals dieser Schweiger zankt,
selbst wenn er wie ein Zeiger schwankt.

Zahnprobleme

Die Klage wir von Marthe hören,
sie äß' nicht gerne harte Möhren.
Wir sollten dies als Zeichen wähnen
von ihren wohl zu weichen Zähnen.

Depression

Wie soll ich mit den Sorgen mein
gar fröhlich denn am Morgen sein?
Es gibt doch sicher morgen Sachen,
die mir dann wieder Sorgen machen!

Halluzination

„Manchmal seh' ich eine Kist',
selbst wenn es gar keine ist.
Steht dort drüben seine Kiste?"
„Nein, dort steht gar keine, siehste?"

Blähungen

Bevor ich Blasen und Tuten geh',
da trink' ich erst einen guten Tee,
denn wenn sich der Bauch von den Gasen bläht,
von alleine das Tuten und Blasen geht.

Gesunder Tee

Einst fühlte sich die Waltraud krank,
bis sie den Tee aus Waldkraut trank.
Das hat – fast gab's Alarm – gedüftet,
doch wurde gut der Darm gelüftet.

Dringendes Bedürfnis

Den Strahl er gezielt in den Farn hält,
damit dort hinein sein Harn fällt.
Die Stimme donnernd von fern hallt:
„Dass Ihr nicht über den Herrn fallt!"

Seltsam

Isst du die fette Scheibe Wurst,
dann setzt das an bei dir.
Wenn du dich an dem Weibe schurrst,
das sieht man dann bei ihr.

Biertrinker

Beim Wein ist meist der Dieter lieb,
beim Bier jedoch ein Literdieb.
So trank er noch – der lose, der! –
vom Bier die letzte Dose leer.

Magendrücken

Ich muss so manchen Mist ertragen,
drum plagt mich oft ein trister Magen,
und drückt mich dann der herbe Magen,
würd' mir ein Schnäpschen mehr behagen.

Figurprobleme

Wie doch die Frau die Posen hasste,
wenn Nick nicht in die Hosen passte.
So sprach sie schließlich doch zu Nick:
„Mein Lieber, du bist noch zu dick."

Voll daneben

Zu schießen mit der Zwille war
des Knaben fester Wille zwar,
doch schoss er mit der Breitzwille
in Scherben nur die Zweitbrille.

Vom Nutzen einer Fremdsprache

Nein, er verspürte keine Lüste,
obwohl sie ihn alleine küsste.
Doch als sie zu ihm sprach: „Mon Cher",
sieh, da verspürte er schon mehr.

Hausdrachen

Du willst, dass ich Dich zudecke
und mich vor Deinem Zeh ducke?
Denkst Du denn, Alte, Du Zecke,
dass ich bei dieser Idee zucke?

Verlottert

An Männern hatte Lotte zig,
die meisten waren zottelig.
Die wussten nicht, was Lottel trieb,
drum hatten sie die Trottel lieb.

Verdächtig

Anstatt dass mir Annette backt,
liegt sie auf ihrem Bette nackt.
Und war da nicht ein Schrei, der klang,
als käm' er aus dem Kleiderschrank?

Sehr verdächtig

Als wäre der Verhau ihm fremd,
ein Mann mit meiner Frau – im Hemd –
des nachts aus dem Holunder wich.
Das fand ich sehr verwunderlich.

Dichterliebe

Um uns herum Gelichter, Diebe,
nur Unheil, Schreck, Gefahren, Mord!
Ich singe dir von Dichterliebe,
und du willst wirklich, Maren, fort?

Dumme Streiche

Dem Mädchen, welches Maren heißt,
zieht man an ihren Haaren meist.
Das Mädchen, welches Maren hieß,
fand das mit ihren Haaren mies.

Biografie

An seinem letzten Buch der Ahne feilte,
vom Denken auf der Stirne eine Falte,
und eine Fahne hat der feine Alte,
obwohl er früher nie zur Fahne eilte.

Fürstliche Windeln

In Windeln, diesen Wiegenlappen,
die Kinder in den Wippen lagen,
und auf den Windeln liegen Wappen.
Manch Schrei sie mit den Lippen wagen,
wenn sie in allen Lagen wippen.
Kann es wohl an dem Wappen liegen,
so fragt man sich mit vagen Lippen,
dass schwer die nassen Lappen wiegen?
Die Kinder mit den Wiegenlippen
noch weiter in den Wippen liegen,
wo sie noch froh im Liegen wippen,
sich, Lächeln auf den Lippen, wiegen.
Auf feuchten Windeln lagen Wappen,
und dort, wo diese Wappen lagen,
erinnern sie an Wagenlappen.
Ja, dürfen das die Lappen wagen?

Haugust

„Auch wenn ich nicht so mutig blick',
ich haue dich gleich blutig, Mick!"
„Wozu in die Gesichter schlagen,
kannst du es mir nicht schlichter sagen?"

Der Moralist

Dem Mädchen, welches Röschen heißt,
beim Bücken oft das Höschen reißt,
weshalb der brave Ferdinand
ein wenig ordinär die fand.

Babypflege

Die Augen klar, die Wangen rund,
und dennoch sind die Rangen wund.
Das könnte diesen Ludern passen,
dass sie sich ständig pudern lassen.

Kleines Hindernis

Die Frau, bei der heut' Bert war,
die sprach zu ihm gleich: „Wart', Bär,
du wärst für mich verwertbar,
wenn nur nicht dieser Bart wär'!"

Prügelstrafe

Ich hab' es niemals schlimmer getragen!
Du hast nun schon seit Tagen schlimm
das ganze Geschirr in Trümmer geschlagen!
Nun werd' ich dich gleich schlagen, Tim!!

Herr und Dame

Wie ist ein Herr so herrlich! Der Gatte
auch eine Frau – begehrlich –, der hatte.
Doch diese Dame, nämlich die –
hielt sich indes für dämlich nie.

Mann und Frau

Der Mann hat sich als Held zu geben,
muss schuften, um das Geld zu heben.
Die Frau hat sich nur hold zu geben,
um schließlich all das Gold zu heben.

Eine verhängnisvolle Affäre

Ich hatte eine reiche Tante,
mit der ich einst zum Teiche rannte,
und als wir dann am Teiche weilten,
das Harte und das Weiche teilten,
da war die Tante reich an Glut,
und doch – ich dachte gleich an Ruth.

Emanzipation

Zum Tanze geh'n Emanzentöchter.
Ein Mann spricht die Simone an
und sagt zu ihr, gern tanzen möcht' er.
Sie sagt: „Ich tanz' nur ohne Mann!"

Wechseljahre

Kaum kriegt die Frau in Wellen Hitze,
schon hört man seine hellen Witze.
Wenn in den Frauen Hitze wallt,
dann machen Männer Witze halt.

Kriegt sie auch ihre Hitzewellen,
pfeift doch auf solche Witze Helen.
Und wenn sie noch so wallt, die Hitze,
sagt sie doch nur: „Behalt' die Witze!"

Elise

Ein Bett war uns der lose Kies,
wo ich nicht vom Gekose ließ,
und wenn ich mit Elise kos',
dann ist was auf dem Kiese los.
Wie ich mit ihr dann lose kos',
geht mehr bald als Gekose los.
Zuerst doch will Elise Kies!
Den Kies ich auf dem Kiese ließ.

Im Supermarkt

Steh'n an den Kassen lange Reihen,
und sind in voller Länge drei
der Schlangen da, gibt's Drängelei,
und manchmal gibt's auch Rangeleien.

Traute Liebe

„Beim Heinrich sind die Triebe lau.
Ob ich noch seiner Liebe trau?
Oh wären seine Triebe laut!"
Die Traute nicht der Liebe traut.

Bald werden lauter Triebe, Laute.
„Verzage nicht gleich, liebe Traute!
Denn werden erst die Triebe lauter,
dann wird auch bald die Liebe trauter."

Familienplanung 1

Man sagt, auch werde Cohn beschert
viel Glück durch Heirat. Schon bekehrt
zur Ehe freudig krähte Cohn:
„Ich nehm' die reiche Käthe Kron!"

Familienplanung 2

Sein Weibchen tat der Cohn besamen,
bis sie dann einen Sohn bekamen.
Das Kind, das nun im Wagen plärrt –
sag', Cohn, war das die Plagen wert?

Familienplanung 3

Was bist Du für ein Schinder, Cohn!
Du hast so viele Kinder schon,
fragst nicht, ob sie noch einen wolle,
sagst nur: „Hör auf zu weinen, Olle!"

Fehlentscheidung

Sie hat sich irgendwann vermählt
mit einem starken Möbelpacker,
und sich doch in dem Mann verwählt:
Er ist und bleibt ein Pöbelmacker!

Blickkontakt

Auch wenn wir uns nur ferne standen,
die Augen sich wie Sterne fanden.
Die Blicke sich zu gerne fingen,
wenn sie nur in die Ferne gingen.
Ich suchte auf die Nähe Sicht
und hoffte schon, sie sähe nicht,
wie ich auf diese Schicke zielte.
Da merkte ich: Die Zicke schielte!

Eine Lebensgeschichte

Beim Jüngling sind die Backen zart,
doch später sprießt ein Zackenbart,
der sich entpuppt als Zeckenbart.
Beim Mädchen ist das Becken zart,
es nimmt zum Mann den Zecken-Bert.
Wenn's Alter an dem Becken zehrt,
die Frau bei ihrem Zacken-Bert
am Bart und an den Backen zerrt.

Ein Mensch wie jeder andere

Der Jürgen Drews, der fett im Korn bellt,
er habe hier ein Bett im Kornfeld,
preist sich als größter Stoppeldecker.
Den Mädels fast zum Weinen ist,
denn er hat auch nur einen, wisst:
Auch er hat keinen Doppelstecker.

Heiratsantrag

Er fragte sie im Märzen: „Hilde,
bist du mir auch im Herzen milde?
Wenn du mich liebst, dann sei die Meine!"
Da war sie schon im Mai die Seine.

Ehe-Los

Einst hatte er mit Lust gefreit,
jetzt gibt im nur der Frust Geleit.
Drum hört man ihn voll Trauer fragen:
„Wie lang' muss ich die Frau ertragen?"

Scheidung auf Italienisch

Der Toni tat ganz schlau erfragen:
Darf ich denn meine Frau erschlagen?
Dann bringt er mit Lizenz sie um.
Nun endlich ist Silentium!

Frauengeflüster

„Was, Du hast noch keinen Mann?
Sieh Dir doch mal meinen an!
Denn ich habe einen Mann,
was man doch wohl meinen kann!
Warum siehst Du keinen an,
der sich mit Dir einen kann?"

„Ich komme doch bei keinem an,
wann werd' ich mich vereinen, wann?
Bald fange ich zu weinen an,
weil ich doch nur mit einem kann.
Denn nur den Mann, der reimen kann,
den lasse ich zum Keimen ran."

Sauerlandromantik

Der Mond wirft an der Möhne Schatten
auf weiche, grüne, schöne Matten,
und wie er auf die Möhne scheint,
verführt er, wie die Schöne meint,
zu machen an der Möhne Sachen,
als wolle man ihr Söhne machen.

Szenen einer Ehe 1

Der Streit bei den Debatten gilt
dem längst verblassten Gattenbild,
bis dann vor Zorn die Gatten beben.
Na, das wird noch Debatten geben!

Szenen einer Ehe 2

Wie laut doch die Debatte gellt!
Man hört, wie grob der Gatte bellt.
Sie kreischt wie eine Krähe. Ach,
hier gibt es wieder Ehekrach!

Szenen einer Ehe 3

Der Ehemann, schon fett und bärtig,
plumpst nachts nur noch ins Bett und – fertig!
Noch nicht einmal ein Schlummerkuss
macht mit der Gattin Kummer Schluss.

Szenen einer Ehe 4

Wer nicht mehr an der Liebe hängt,
voll Hass die Hand zum Hiebe lenkt.
Erst hat er mit Lulu gezankt,
dann hat er kräftig zugelangt.

Szenen einer Ehe 5

Nachdem sie Streit im Garten hatten,
verhaut die Frau den harten Gatten,
denn Frauen, die auf Härte bauen,
den Männern auf die Bärte hauen.

Szenen einer Ehe 6

Zuerst wird Wort um Wort vermehrt,
als würd' dadurch ein Mord verwehrt.
Da trifft die Frau, debattengeil,
am Ende doch des Gatten Beil.

Voreilige Heirat

Erst hat sie ihn am Bart gezogen
und sich zu ihm ganz zart gebogen,
bis er sich an den Leib gewöhnt hat
und dann bei diesem Weib gelöhnt hat.

Nun ist vorbei das strenge Leben,
jetzt will er in die Länge streben,
die Lust nicht vor halb acht verneinen
und sich nun jede Nacht vereinen.

Er will sie nun mit Macht verehren
und sich schon vor halb acht vermehren,
verknüpfen auch zum festen Bund,
so meint er, seinen besten Fund.

Der Pfarrer seinen Segen lenkt,
bis sich der Blick verlegen senkt.
Vorbei ist nun des Strebens Länge,
verzwirnt sind nun die Lebensstränge.

Die Braut mit ihrem herben Geist,
zeigt nun, was Fell zu gerben heißt.
Weil er ihr nicht die Schleppe trug,
sie ihn schon auf der Treppe schlug.

Ehedrama

Ein scharfes Mittel gegen Ratten
serviert die Frau dem regen Gatten,
und der trinkt von dem Sauertrank.

Da liegt er nun, der matte Gunther,
und nie mehr wird der Gatte munter.
Laut tönt der Witwe Trauersang.

Inserate

Ich las in manchen lauen Blättern –
dort stand, in großen blauen Lettern,
man böt' sich an, auch nackt zu putzen.
Mich reizt es, diesen Pakt zu nutzen.
Beim Blick auf solcherlei Stellenanzeigen
spür' ich den Druck in den Zellen ansteigen.

Verspäteter Rat

Du sollst im Schatten trüber Eiben,
wo Männer meist am kecksten sind,
nicht mit der Liebe übertreiben.
Du bist nun schon beim sechsten Kind!

Frühlingsgefühle

Der Bauer im Lenz
fährt lauer im Benz.
Dann singt in seinem Benz er laut:
„Oh, wie mich doch der Lenz erbaut!"

Lüsterner Landwirt

Wenn sich die Magd zum Stalle dreht
und dann im Stall die Dralle steht,
wie gerne ich dann dralle Stücke
dort hinten in dem Stalle drücke!

Ein seltsames Erlebnis

Wir starrten alle sehr gebannt:
Inmitten dieser Berge Sand
ein Bär ein Seil um Särge band!
Wer hatte diesen Bär gesandt?

Heidröslein

In ihren engen Reiterhosen
die Heide durch die Heide läuft.
Man nennt sie auch das Heidröslein.
Sie pflückt im Garten heiter Rosen,
bis sich zu ihrem Leide häuft
so manches in dem Reithöslein.

Inselpflege

Ein Bauer sich beim Pflügen regt,
dass er die Insel Rügen pflegt.
Ein and'rer, der bei Regen pflügt,
des ersten Bauern Pflegen rügt.
Der Bauer, der das Pflügen rügt,
doch selbst trotz mancher Rügen pflügt.
Wenn man sich bei dem Regen pflegt,
wer weiß, was sich beim Pflegen regt?

Veränderte Zeiten

Einst lauschten wir den Kinderreimen
und fuhren auf dem Kinderroller.
Nun hören wir von Rinderkeimen
und fürchten uns vor Rinderkoller.

Rinderwahnsinn

Die Kuh in ihrem Rinderkoller
fährt auf der Weide Kinderroller.
Der Stier im gleichen reinen Koller,
fährt Fahrrad, aber keinen Roller.

Früher und heute

Erst machte man mit Mühe verkehrt,
dass man die Zahl der Kühe vermehrt',
und jetzt gibt man sich Mühe, Kinder,
dass man die Zahl der Kühe minder'.

Figaro

Lang hat der Frisör an der Stelle geweilt,
das Flache wie auch das Steile gewellt,
dann hatte er noch die Welle gestylt,
das hat das Glück eine Weile gestellt.
Dann hat er noch eine Weile gestylt,
den letzten Schliff in die Welle gestellt.
So hat er bei dem Gestyle verweilt,
bis auch die letzte Stelle gewellt.

Journalist

Den Schreiber stets ein Schema treibt:
das Geld –, wenn er vom Thema schreibt.
Doch auch für seine Anti-Themen
erhält der Schreiber Tantiemen.

Bardamen

Da sitzen sie in Roy's Bar,
mit Taillen, schlank wie Wespenleiber.
Doch machen sich die Boys rar.
Die steh'n halt nicht auf Lesbenweiber.

Der Richter

Er ist ein gerechter Schlichter
und auch sonst kein schlechter Richter.
Dass der Spruch vom Richter schlechter,
das meint nur ein schlichter Rechter.
Wär' er ein gerechter Schlächter,
wäre er ein schlechter Rechter.
Doch weil dieser Richter schlichter,
ist er uns ein schlichter Richter.

Der Zauberer

Wenn du auf die Terrassen blickst,
wo du so manchen Trick schaust,
so lass' nur deinen Blick treiben!
Verborgen wird der Trick bleiben,
wenn du nur dem Geschick traust
des Manns, der zum Erblassen trickst.

Der Gärtner

Ein Gärtner hatt' in Bargteheide
zwei Gärten und beharkte beide.
Er sprach: „Erst hark' ich beide hier,
dann trink' ich mit der Heide Bier."

Köche

„Allmählich packt mich doch ein Kummer.
Warum sind deine Linsen grau?
Was bist du für ein Koch, ein dummer!"
Die and'ren Köche grinsen lau.

Keine gute Köchin

Ich will mit der Agathe leben.
Wird Braten es, Salate geben?
Stets schenke ich ihr Rosen, Gedichte,
und kriege doch nur Dosengerichte!

Nachtwächter 1

Mit Harzer, bei der Wacht ernährt,
dem Diebstahl bei der Nacht er wehrt.
Wie kam es, dass von schwarzer Hand
gar plötzlich ein Stück Harzer schwand?

Nachtwächter 2

Zur Mitternacht allein wacht' ich,
mir wurde schon ganz weihnachtlich,
und weil ich so allein nachts wieder,
so sang ich leise Weihnachtslieder.

Wo kommen die Krawalle her?
Ist etwa in der Halle wer?
Wo kommen denn die Diebe her?
Erwisch' ich wen, kriegt Hiebe der!

Flugs eilte ich zur Halle Vier
und sah in diesem Falle hier:
Die Diebe klauten Massen Kitt
und nahmen auch die Kassen mit.

„Halt, halt!", ich laut ganz legal rief
und schnell von Regal zu Regal lief.
Doch weil die Diebe schon fort waren,
da ließ ich ein schreckliches Wort fahren.

Der arme Leinenweber

Man webt im Dorfe, wo ich wohne, Leinen.
Im Keller muss ich ganz alleine wohnen.
Ein starker Rausch muss sich beim Weine lohnen.
Ich muss – was bleibt mir schon vom Lohne – weinen.

Kein Sonnenlicht kann, wo ich wohne, scheinen,
so kann ich nur beim Kerzenscheine wohnen,
kann mich beim letzten Schluck vom Weine schonen
und muss schon, während ich mich schone, weinen.

Es heißt das Motto heute: „Schone Leinen!"
Kein Glück kann mir bei meinem Lohne scheinen.
Wer kauft denn schon von seinem Lohne Leinen?

Die Arbeit kann sich nur zum Scheine lohnen,
ich kann mich eben nicht alleine schonen.
Die Sonne soll, wenn ich mich schone, scheinen!

Ausflug nach Herne

Weil sie an mir so gerne hing,
wenn ich mit ihr nach Herne ging,
sprach sie, weil sie's so gerne hatte:
„Geh' doch mit mir nach Herne, Gatte!"

Auf der Halde

Als ich bei meiner Hilde war,
da stiegen auf die Halde wir.
Wie flatterte das wilde Haar,
doch schöner war's im Walde hier.
Wie schön es auf der Halde war!
Doch schöner glänzt' im Walde Haar.
So liebten uns're Hilde wir,
und spielt' sie auch die Wilde hier.

Meinungsverschiedenheit

Ich will nach Bochum-Werne, Hanne!
Sie will jedoch nach Herne, Wanne,
vielleicht sogar nach Wanne, Herten.
Wie soll ich das bei Hanne werten?
Was soll ich denn in Werne, Herten,
eventuell in Herne werten?
Die Leute, die in Wanne harrten,
die sollen mal auf Hanne warten.

Die Alternative

Fast jeden Tag nach Wanne eilt er,
denn gern bei seiner Anne weilt er.
Doch dann sagt sie beim Weine: „Alter,
denkst du nur das Eine, Walter?
Ich geh' jetzt in die Wanne, Alter!"
Das tut auch gleich die Anne. Walter
sucht Trost und flugs zum Weine eilt er.
Zufrieden dort alleine weilt er.

Gartenpflege

Als guter Mensch in Herten galt,
wer etwas auf den Garten hält.
So steckt von seinem harten Geld
ein Großteil man in Gärten halt.
Ein Fluch des Nachts durch Herten gellt,
der macht vor einem Garten Halt.
Der Fluch dem einen Harten galt,
der nichts von schönen Gärten hält.

Schüttelreimers Nachtgedanken

Wenn Lieb' und Eifer du dem Dichten schenkst,
wirst du zuerst wohl eine Weile zagen,
bis du berückt in and'ren Schichten denkst,
und dann voll Mut die erste Zeile wagen.

An Wörtern, Silben, Enden hart zu knobeln,
mit Reimen wie mit zähem Schleim zu ringen,
den Rhythmus glätten, was da knarrt, zu hobeln,
das musst du, um den Schüttelreim zu schlingen.

Regt sich der Geist, dann sprüht der Sinn, der wache.
Was du bisher als kleiner Wicht erdacht,
erschließt sich dann als der Gewinn der Sache,
wenn ein geschütteltes Gedicht erwacht.

Und wenn du solches kannst – du weißt es – gelten
für dich in Zukunft and're Geisteswelten.

Folgen des Leichtsinns

Er fuhr in seinem Zackelwahn
auf einer Zackenbahn.
Jetzt hat er einen Wackelzahn:
Es ist ein Backenzahn.

Heimkehr

Die Mutter sagt den Rangen leise:
„Ich muss mich nach der langen Reise
und gleich nach diesen langen Wegen
zuerst mal auf die Wangen legen."

Urlaub 1999

Den Urlaub wir an der Schlei verbringen,
das Reiseziel muss Kappeln sein.
Zur Stärkung wir einen Brei verschlingen,
in Discos in Kiel muss Zappeln sein.

In der Fremde

Es kam ein Fremder nach Werdohl,
und jeder fragt: „Wer ist der wohl?
Kommt der vielleicht aus Kaltenborn
und trank dort mit den Balten Korn,
beging dann gar in Meppen dort
noch einen Doppel-Deppenmord?"

So hängt am fremden Ort dir, Mann,
ganz schnell man einen Mord dir an!

Verkehrsrowdy

Da flitzt er hin mit Mut im Wagen,
von Rockgedröhn befeuert, schert
er plötzlich aus, und Wut im Magen
krieg' ich, weil der bescheuert fährt.

Fröstelnder Modemuffel

Ich ertrage nur mit Müh' den Frost,
drum trinke ich schon in der Früh' den Most.
Dann schert mich nicht mehr der Moden Frist,
auch nächstes Jahr trag' ich noch froh den Mist.

Aufreizend

Die Hose war der Kleinen leid,
sie trägt fortan ein Leinenkleid.
Doch zeugt das kurze Hemdkleid
nicht gerade von Verklemmtheit.

Unterwäsche

Heute trägt die Maren wieder
ihre schönen, wahren Mieder.
Trägst Du Deine Miederwaren,
liebe ich Dich wieder, Maren!

Alpine Einfältigkeit

Das Mädli in dem Hirndl denkt:
„Ein Mann vielleicht am Dirndl hängt –
kann ihn vielleicht mit Trachten locken?"
Jedoch die Kerle lachten trocken.

Modetorheiten

Die Sache hat Methode, Mick!
Die Frau mit ihrem Modetick
umgibt sich mit dem laschen Flair
und zeigt sich kess im Schlangenlook.
Da nehm' ich einen langen Schluck
und mach' noch weit're Flaschen leer.

Perücken

Damit sie Haar zum Wechseln hatte,
drum nahm man gleich zum Häckseln Watte
und formte aus der Häckselware
dann für die Frau die Wechselhaare.

Haarausfall

Wie schaut der alte Bauer hart
mit seinem dichten Hauerbart!
Auf Tische in der Bar er haut
die Fäuste, nicht aufs Haar erbaut.
Und wie der alte Bauer haut,
nicht über Bartverhau erbaut,
verflucht alsbald das Haar er, Bart –,
ins Bier so wunderbar er haart.

Mauerbau

Wir stehen an der Mauer beid',
hier ich, dort meine Bauermaid.
Weil diese Mauer Mayer baut',
verlangt jetzt dieser Bayer Maut.
Der Bayer, der die Mauer baut',
erhebt als simpler Bauer Maut.
Drum meiden wir den Mayer beid –
am besten jeden Bayer meid'!
Bald kam's, dass nach dem Bau der Mayer
sich fühlte schlecht und mau, der Bayer.
Doch gründlich mähte bei der Mauer
das hohe Gras im Mai der Bauer.
Schon reute ihn der Bau der Mauer,
drum fühlte sich auch mau der Bauer.
Bei seiner Frau saß, bei der Mayer,
dann doch vergnügt im Mai der Bayer.

Ostern bei Soestern

Man kann's nur leis' im Kloster sagen:
„Was ständig diese Soester klagen!"
Denn ständig fällt den Soestern ein:
„Es könnte wieder Ostern sein!"

Die Mönche in dem Kloster sangen,
doch lauter noch die Soester klangen,
denn wieder fiel den Soestern ein:
„Es könnte wieder Ostern sein!"

Die Nonnen laut im Kloster singen,
doch lauter noch die Soester klingen.
Schon wieder fällt den Soestern ein:
„Es könnte wieder Ostern sein!"

Dem Fremden kann zum Trost er sagen:
„Das musst du nur in Soest ertragen."
Willkommen doch zu Ostern sei er,
zu suchen mit den Soestern Eier!

Pfingsten

Zu Pfingsten tönt ein frommer Sang,
und fröhlich sprach der Gottfried: „Leute,
wie sehr mich doch dies Gottlied freute,
nun wird's bald wieder Sommer, Frank!"

Sommererwartung

Man hofft zur Sommersonnenwende,
dass dieser Sommer Wonnen sende,
und schätzt der Sonne satten Schein.
Doch will man gern im Schatten sein.

Sommerfreuden

Wenn freundlich hell die Sonne winkt,
ein jedermann in Wonne sinkt,
und freudig ruft der Fritze: „Hei,
heut' gibt es endlich hitzefrei!"

Tiefdruckgebiet

Der Himmel ist schon seit Tagen verhangen,
und ständig wir in der Gefahr hingen,
dass Regen wir mit Haupt und Haar fingen.
Kann denn niemand das Wolkenheer fangen?

Novemberstimmung

Auf allen Blättern grober Tau,
der Anblick von der Mauer trist,
die ganze Welt oktobergrau,
wen packt da nicht der Trauermist?

Winterzeit

Fällt nun der Schnee im Hinterwald,
dann wird es kalt und Winter halt.
Ich will mich nicht in den Wintern härmen,
ich will nur meinen Hintern wärmen.

Weihnachtsgeschichte

Als auf dem Feld die Hirten waren,
mit krausen und verwirrten Haaren,
tat dort, wo diese Sieben lagen,
ein Engel zu den Lieben sagen,
ein Kind sei in der Nacht geworden:
Auf, laufet, aufgewacht, gen Norden!

Als sie dann diesen Stall so fanden,
wo sie in diesem Fall so standen
gar staunend mit gekrauster Lippe
vor dieses Kinds verlauster Krippe,
da wünschten sie dem Werk bei Nacht
doch eine frohe Bergweihnacht.

Weihnachtliche Gedanken

Die Turmuhr schlägt: „Es werde Acht!"
Der Schnee fällt flockig weiß zu Erden.
Der Winter auf der Erde wacht.
Schon droht hier, alles Eis zu werden.

Da wird der kleine See zu Eis,
und bald im weiten Kreis ist alles –
es friert der Teich ja eh zu, sei's –
wie in der Form des Eiskristalles.

Der Mensch – ihm frieren bange Ohren –
entzündet eine Kerze halt.
Weil ihm die Wärme angeboren,
wird ihm nicht gleich das Herze kalt.

Er denkt an einen fernen Stall,
wohin drei Weise einst gelangt,
geführt von einem Sternenfall –
dort sind sie leise einst gewankt.

Der Mensch schließt sich der Reise an
und wartet auf ein Wunderzeichen.
Schon Wasser aus dem Eise rann:
Das Eis muss allem Zunder weichen.

Sie stehen an der Krippe – seht! –,
auch wenn du kalt an Ohren bist,
vor Glück die ganze Sippe kräht:
„Der Heiland uns geboren ist!"

Steuern

Zum Jahrsbeginn ein neuer Start –
am Ende uns die Steuer narrt,
und auch die Nora starrte heuer
auf den Bescheid: die harte Steuer!

Weiberfasching

Der bunt vermummten Leiber Wust
erweckt die jecke Weiberlust.
Zum Karneval die Seine läuft,
der Mann daheim alleine säuft.

Waschzwang

Die Fäuste die Woiwoden ballen,
weil sie ihre Wadenbollen,
mit denen sie am Boden wallen,
heute auch noch baden wollen.

Der Saubermann

Will gleich mal seine Miss er waschen,
muss Seife er und Wasser mischen,
bedienend sich gewisser Maschen
muss er das rechte Maß erwischen.
So will nach diesem Maß er waschen
mit Seife und mit Wasser-Maschen,
das Schaumbad noch gewisser mischen –
doch erst muss er die Miss erwischen.

Der leichtsinnige Sportler

So steht er hier, ein ganzer Paul,
mit Muskeln wie ein Panzergaul,
ist Turner und ist Schwimmer.
Da schwimmt er zu den Haien raus,
nun steht es leer, sein Reihenhaus.
Ein bisschen Schwund ist immer.

Jogging

Ein Läufer rennt durch Sachsenhausen.
Oh seht, wie seine Haxen sausen!
Doch bald befällt ihn Beckenreißen,
als würd' ein Hund den Recken beißen,
worauf er stöhnt beim Laufen: „Sag,
ob das wohl an dem Saufen lag?"

Die Ringer

Beim Ringer, der den Ringer fasst,
da macht kein einz'ger Finger Rast.
Den Ringplatz nie die Ringer fegen,
da woll'n sie keinen Finger regen.

Karate 1

Vom Strauche manch' Tomate reißt er,
dann haut er alle platten matt,
zu Ketchup dann die matten platt,
die Frau will's vom Karatemeister.
Auch heut' muss er Karate üben,
drum sieht man ihn im Trüben rennen,
statt Ziegel muss er Rüben trennen,
denn heute kocht Beate Rüben.

Karate 2

Ich hör' schon die Tomate röhren
und ängstlich schon die Möhren husten.
Heut' teil ich per Karate Möhren,
was die Tomaten hören mussten.

Karate 3

Ich wollte zur Beate rein,
doch die setzt gleich Karate ein.
Als ich dann vor Beate rolle,
frag ich: „War das Karate, Olle?"

Seniorenturnen

Die morschen Knochen knarren bald,
wenn Opa auf den Barren knallt.
Darauf hört man ihn heulen bald.
Ja, schmerzhaft sind die Beulen halt.

Gymnastik

Beim Turnen werden wieder gleich
die hartverspannten Glieder weich.
Ach, die Gymnastik tat so gut!
Ob das auch ein Spagat so tut?

Reckturnen

Zum Training muss ich wieder keck rennen,
gleich lern' ich den Aufschwung am Reck kennen.
Der Bauch sich beim Turnen am Reck spannt.
Das liegt an dem leidigen Speckrand.

Unfallfolgen

Wir sahen einen losen Reiter
erklimmen eine Rosenleiter.
Dabei fiel er vom Leiterrahmen.
Seitdem sieht man den Reiter lahmen.

Fußballprofi

Im Club sieht man ihn kicken schon,
den Sohn von diesem schicken Cohn.
Er tut zwar nur für Scheine kicken,
nach Hause will er keine schicken.

Verhinderter Fußballprofi

Man gab mir heißen Tee mit Salbei,
damit ich flink und stets am Ball sei,
auf dass ich dann in jeder Lage
nach diesem runden Leder jage.

Ich wollt' in keinem Falle bummeln,
wenn andere am Balle fummeln,
und fand doch zwischen all den Beinen
den Fußball nicht, den Ball, den einen.

Ich rannte wie 'ne kranke Fliege,
dass ich den Ball zur Flanke kriege,
und hatt' in solchem Fall zu büßen:
Nie lag mir dort ein Ball zu Füßen.

Auch hab' ich nie vorm Tor gefummelt,
wenn and're sich davor getummelt,
denn leider kam ich bestenfalls
nur in die Näh' des festen Balls.

Es gibt auf alle Fälle Bayern,
die hin und wieder Bälle feiern.
Wie sich's in solchem Fall gebührt,
hab' ich sogleich den Ball geführt.

Pferde

Ein Reiter, der in Halle-Stadt
ein edles Pferd im Stalle hat,
schon bald aus diesem Stalle hinkt,
weil es in dieser Halle stinkt.

Vögel

Zwei Vögel auf den Stangen wippen,
um sich an diesem Fleck zu wiegen,
wobei sie sacht die Wangen stippen,
um schließlich munter wegzufliegen.

Mückenplage

Wenn sie mit ihren Mückenrachen
mir Löcher in den Rücken machen,
von meinem Blut die Mücken zehren,
dann kann das kein Entzücken mehren.

Schweinerei

Wenn der Schlachter immer schlachtet,
dies das Schwein als schlimm erachtet,
und traurig sagt das kleine Schwein:
„Im Schlachthof macht man Schweine klein!"

Junger Hund

Der Nachbar ist ein Schustermeister,
mit Namen heißt er Rubenstein.
Sein Hund ist noch nicht stubenrein,
denn auf den Teppich Muster scheißt er.

Kampfhunde

Nach Bissen von den weißen Hunden
tropft gleich das Blut aus heißen Wunden.
Hätt' einer sich in die Meine verbissen,
dann würde ich bald ihre Beine vermissen.

Am Hundestrand

Lästig sind beim Baden, weiß er,
die verflixten Wadenbeißer,
weil sie in die weißen Bollen
nur zu gerne beißen wollen.

Hundegebell

Man tat mir in Manhattan kund,
es belle dort ein Kettenhund.
Kaum werde morgens hell der Grund,
dann kläffe auch schon grell der Hund,
und wenn er in Manhattan bellt,
es keinen in den Betten hält.

Man hört zu jeder Stunde Hall
aus dem verdammten Hundestall.
Was man in allen Städten hört,
natürlich auch Manhattan stört.
Doch unser Hund in Bitterfeld
am Abend noch viel fitter bellt.

Der Brummer

Ein Mensch, der seinen Schlummer braucht,
kriegt Wut, weil ihn ein Brummer schlaucht,
will Schlaf, dieweil der Brummer singt,
um den ihn dieser Summer bringt.

Ihm wird ein jeder Schlummer seicht,
wenn sich ins Haus ein Summer schleicht
und wenn ihn solche Fliege, link,
noch ärgert auf der Liege flink.

Dieweil ihn dieses Vieh belästigt,
geschieht, was keine Liebe festigt.
Im Gegenteil verhext ihn was,
und siehe, bald umwächst ihn Hass.

„Wenn ihr uns unsern Schlummer brecht,
dann geht es euch, ihr Brummer, schlecht.
Auf Rache bald vor Kummer brennt,
wer euch, ihr fetten Brummer, kennt!"

Sogleich erstirbt das milde Wort,
und schon beginnt der wilde Mord.
Jäh aufgeschreckt vom Lager just
treibt ihn empor die Jagerlust.

Dieweil die wüt'ge Phase währt,
manch Schlag auch in die Vase fährt.
Vergebens! Weh! Ein schlimmer Zug,
als leer die Hand durchs Zimmer schlug!

Das Vieh, das was von Finten hält,
macht, dass er fast nach hinten fällt.
Und oft entkam die Fliege so,
dass Hoffnung auf die Siege floh.

Der Mensch lernt langsam, wie er fischt.
Er hat zum Schluss das Vieh erwischt,
hat nicht sein Klag-Gebrumm geacht',
er hat es einfach umgebracht.

Bald sinkt er in den Schlummer brav.
Auch du, mein toter Brummer, schlaf!
Doch bald schon wird, oh sieh, der wacher:
Schon brummt der nächste Widersacher.

Chemiestunde

„Herr Lehrer, kommt das reine Chlor
gleich in dieses kleine Rohr?"
„Nein, aus diesem Rohr, Klaus,
kommt nachher das Chlor raus."

Physikunterricht

Der Lehrer macht Experimente:
Er legt den Schalter um, und – »Krach!«
Die Klasse lacht sich krumm, und – ach,
was machte Mary? Mary pennte!

Chemische Verbindungen

Ich geb' in dem Semester acht,
wie man den guten Ester macht.
Und meine gute Esther meint:
„Wie sehr doch ein Semester eint!"

didacta (14. 02. - 18. 02. 2000)

„Fährst du denn auch zur Messe, Karen?",
so fragt in Mölln die kesse Maren.
Da sagt die andere Kesse in Mölln:
„Ich fahre auch zur Messe in Köln."

Messebesuch

„Wir geh'n in jedem Falle hier
zuerst einmal zur Halle Vier,
und nicht zuerst zur Halle Eins,
denn dieses wollen alle, Heinz!"
Da plötzlich ruft die Dralle: „Hei,
ich flitze schnell zur Halle Drei!"
Nun im Gewühl die Dralle hängt,
weil alles in die Halle drängt.

Müllabfuhr

Man findet nach dem Rasenfeste
noch von allen Phasen Reste.
Der Müllmann muss sich feste regen
und vom Platz die Reste fegen.

Sperrmüll

Man freut sich, wenn den Hausrat,
den alten, man bald raus hat.
Warum man ein Gebrüll machte,
als ich ihn gleich zum Müll brachte?

Mülltrennung

Manche von Hamburg bis Trier pennen,
können nicht Glas und Papier trennen.
Es sind auch stets dieselben Gecken,
die nichts versteh'n von gelben Säcken.

Saurer Regen

Fällt auf das Land der Regen seicht,
es der Natur als Segen reicht.
Jedoch so mancher Sauerregen
ist für den Wald ein rauer Segen.

Niedrigwasser

Wenn Wasser aus der Saale weicht,
dann wird es auch für Wale seicht.
Ein Fischer eine Weile sacht
per Angel, Netz und Seile wacht.
Und wie er an der Saale wacht,
verdrücken sich die Wale sacht.
Im Wasser, eine Weile seicht,
ein jeder Fisch dem Seile weicht.

Gitterröhren

Dort drüben, hinterm Röhrengitter,
da spielen heut' die Gören Ritter,
so dass man glaubt, es röhren Gitter.

Im Rechner werkeln Gitterröhren,
doch ich hör' nur die Rittergören
dort drüben hinterm Gitter röhren.

Westöstlicher Diwan

Sitz' ich auf dieser Chaiselongue,
was nützt es, dass ich lese, Chong?
Ich kann auf harten, linken Chaisen,
du siehst es, keine Schinken lesen.
Damit ich Wortkolonnen sichte,
ermangelt es an Sonnenlichte.
Das schummrige Chinesenlicht
hingegen taugt zum Lesen nicht.

Misslungener Akt

Der Zeichner mit dem Kohlenstift
bisweilen gar verstohlen kifft.
So wird ihm das Gezackte eigen.

Er will Sybille Akte zeigen.
Doch kaum sieht sie das schrille Bild,
die Stimme von Sybille schrillt.

Surrealistisch

Einst steckten freche Kinder in Bali
den besten meiner Binder in Kali.
Seitdem seh' ich die Kunst von Dali
stets wie durch einen Dunst von Kali.

Portrait

Der Maler wird beglücken reich
den Alten mit Perücken gleich.
Er weiß, dass man den kahlen Mann
sonst nicht so haarig malen kann.

Sängerkarriere

Damit mir bald das Singen gelang,
studierte ich in Lingen Gesang.
Nun singen wir morgen von Bach die Messe.
Ich steh' an der Pauke und mach' die Bässe.

Reiterlied

Der Reiter in dem Säulengang
ein Lied mit seinen Gäulen sang.
Das gab zwar viele Töne schon,
doch fehlte mir der schöne Ton.

Musikalische Entgleisung

Erst wollte er ihr Noten zeigen,
und gleich mit reinen schönen Terzen
und luftig leichten Tönen scherzen,
doch dann tat er zu Zoten neigen.

Jazzig

Die Töne, wie bizarre Tupfen,
kann ich auf der Gitarre zupfen.
Ich achte nicht auf reinen Klang,
denn dieser hat nur kleinen Rang.

Oldies

Der Trübsinn immer wieder leicht
beim Singen alter Lieder weicht.
Gib mal bei ‚La Paloma' acht,
wie fröhlich da die Oma lacht.

Schlagersternchen

Es lag wohl an dem starken Seegang,
dass sie statt eines ,fis' ein ,g' sang,
und niemand wär' der Miss wohl feind,
wenn sie statt ,g' ein ,fis' wohl meint.

Verlobungsvorbereitung

Beim süßen Klang der zarten Geigen
will sie ihm gleich den Garten zeigen.
Man spielt Musik von Haydn, Schubert,
wobei sie sanft auf Heirat drängt,
doch er noch an dem Dreirad hängt. –
Nun musst Du Dich entscheiden, Hubert!

Das letzte Stündlein

Wenn du bereits zu lang' auf Erden weilst,
dann soll dich nicht mehr Lebensgier erheben.
Da du zu Erde selbst zu werden eilst,
musst du dich deinem Schicksal hier ergeben.

Weil du an manchem Übel krankst – und alt
geworden konntest du die Gicht erleben –,
packt dich allmählich Todesangst und krallt.
Das Leben kann dir nicht mehr Lichter geben.

Der Sensenmann schon an der Schwelle gräbt.
Was kann nun noch die schwachen Greise laben,
wenn bald der Geist ins Licht, ins grelle, schwebt?
Die Totengräber auch schon leise graben.

Das Leben gab dir manchen herben Stoff,
nun auf ein Leben nach dem Sterben hoff'!

Nur Theater

Es spielt eine Dralle in Kamen
Theater mit Kalle in Dramen.
Die Dralle liebt Kai,
der Kalle liebt drei,
doch haut er die Kralle in Damen.

Frauenrechte

In manchem Land die rauen, frechen
Despoten sich an Frauen rächen.
Schon hört man hier die Frage der Lauen:
Wie ist denn dort die Lage der Frauen?

Der Wirt

Ein Wirt, der was vom Gaste hält,
der fragt zuerst ihn: „Haste Geld?"
Der Wirt nun bei den Gästen bald
als einer von den besten galt.

Gastliche Herberge

Wo man hier ganz beschissen ruht
inmitten Dreck und Russenschiet,
dort fällt aus allen Rissen Schutt:
Im Grand Hotel von Schussenried.

Der Stammgast

Früher nahm Herr Zeinzl immer
im Hotel ein Einzelzimmer.
Jetzt hat er ein Frettchen dabei.
Ist denn noch ein Bettchen da frei?

Geschenke

Alljährlich gibt's mir schier zu denken:
Was wäre wieder dir zu schenken?
Da tut es Not, recht scharf zu denken
und passend nach Bedarf zu schenken.

Ob man nach einem Bräter späht,
in dem sie Braten später brät,
ein Topf, der noch zum Kochen wert,
ein Besen, der noch Wochen kehrt?

Wie wär's mit einem feinen Mixer?
der mixt, so soll man meinen, fixer
und macht 'nen schönen Mix zu Festen,
um Gäste damit fix zu mästen.

Ob man nicht das Gewirr verschönt,
wenn man sie mit Geschirr verwöhnt?
Vielleicht lässt eine Kanne halt
im Herzen nicht die Hanne kalt?

Ich hab's, ich schenke, hui, die Pfanne!
Doch zornig ruft nur „Pfui!" die Hanne.
Und wenn sie mir nun schmollt, guck,
dann kriegt sie einen Goldschmuck.

Die Uhr

Die Ellen sprach um sechs Uhr drei,
was das wohl für 'ne Drecksuhr sei –
es zeige in der Nacht die Uhr
beständig doch halb acht die nur.
Da sagte ich ganz stur zu Ellen:
„Versuch doch mal, die Uhr zu stellen!"

Elfenzauber

Nachts tanzen um die Zieruhr Feen,
von Mitternacht bis vier Uhr zehn.
Doch sagst du nur ein Wort zu Feen,
beginnen sie gleich fortzuweh'n.

Feldherrenschicksal

So mancher, welcher machtbesessen,
hat bald schon seine Macht verschlissen.
Die Macht, sie war nur sacht bemessen.
Man tat ihn nach der Schlacht vermissen.

Husarenstücke

Man sollte der Husaren wegen,
die oft sich in Miseren wagen,
ihr Treiben zu verwehren sagen.
Das gäbe allen wahren Segen!
Was immer die Husaren wagen,
oft mancherlei Miseren wegen,
gibt Stoff für manche wahren Sagen,
doch liegt in den Gewehren Segen?

Vergängliche Pracht

Was konntest du einst wagen, Zar,
als Russland am Verzagen war!
In voller Pracht und Wagenzier,
so konntest du dich wiegen, Zar!
Nun staunen und verzagen wir,
weil alles voller Ziegen war!
Jetzt sehen nur die Ziegen wir:
Vergänglich ist die Wiegenzier.

Beim Bund

Der Offizier schätzt seine Litzen,
beim Bund er voller Ehre weilt,
und wenn er zum Gewehre eilt,
bald Frau und Kind alleine sitzen.

Krieg und Frieden

Die Führer mit den Litzen siegen,
wenn wir daheim in Sitzen liegen.
Es muss wohl am Entsetzen liegen,
wenn Leute, die verletzen, siegen,
und wir in uns'ren Sitzen legen
nur Wert auf Sieg und Litzensegen.
Nie brachte das Verletzen Segen.
Es muss sich das Entsetzen legen!

Iwan der Schreckliche

Der Iwan mit dem fiesen Gang
ging abends auf Kirgisenfang,
und bald in allen Gassen fing
er ein, was nur zu fassen ging.

Internetsurfer

Beim Anblick mancher Web-Seiten
die Augen sich beim Sepp weiten.
Am Monitor dann seine Augen
das And're und das Eine saugen.

Im Dampfbad

Er ging in den Raum mit den Schwaden gewitzt
und hat vom Kopf bis zu den Waden geschwitzt.
Doch mit der Zeit der Mann genau sah –
es sind auch Damen in der Sauna.

Hohlköpfe

Führt man ein Rohr ein,
direkt in das Ohr rein,
dann kommt das Rohr aus
dem anderen Ohr raus.

Abendprogramm

Im Fernsehen lief ein schwacher Western,
dann Reich-Ranicki, Karasek.
Am Ende rief die Sarah keck:
„Nun werdet wieder wacher, Schwestern!"

Dachreparatur

Heute richten die Dicken die Flecken,
teeren, streichen und flicken die Decken,
streichen, teeren und decken die Flicken.
Manchmal machen auch Flecken die Dicken.

In der Kürze

Selbst wenn die ganze Menge lacht,
beim Reim es nicht die Länge macht.
Das meint nur ein schlichter Denker.
Selten macht ein Dichter Schlenker.
Es kam nicht aus dem Furzkasten,
wenn Dichter sich mal kurz fassten.

Bierernst

Bier fanden
vier Banden.
Bier halten
hier Balten.
Bier galt
Gier bald.
Bauern um Trier
trauern um Bier.

Lesestunde

Hasenleute
lasen heute
zwei Bibeln
bei Zwiebeln.

Volksfest

Heute laufen
Reiterhaufen,
heiter raufen
Leutehaufen.

Vier schminken
Werner Finken,
ferner winken
Schmierfinken.

Witze speisen
spitze Weisen,
Sprüche fließen.

Wach kreisen
Krachweisen.
Flüche sprießen!

Der Dichterfürst

Man weiß von dem Geheimen Rat,
dass stets er was zu reimen hatt'.
Manch' Reime interessant, Kind,
sind, weil sie auch pikant sind.

Herr Goethe trank gerad' seinen Leibwein,
da kam und sprach ein altes Weiblein:
„Was schreibst du denn für leichte Sachen,
worüber doch nur Seichte lachen?
Und auch ich selbst erröte gar!"
Zu Goethe sprach da Eckermann:
„Hör' nicht dir das Gemecker an!"
Da machte sich der Goethe rar.

Anleitung

Man findet einen Reim leicht
solange, wie der Leim reicht,
muss nur noch an der Zier feilen
bei Reimen, die mit vier Zeilen.

Schüttelreime

Was wir mit leichter Hand gestalten
und hier zum Scherze heiter weben,
hat manchem Zeitgeist standgehalten
und lässt sich auch noch weiter heben.

Der arme Poet

Froh schlägt das Herz im Busen meist,
wenn uns der Geist der Musen beißt.
Dann wird manch Vers allein erkiest,
den doch am Ende keiner liest.

Guter Rat

Der Dichter oft beim Weben irrt.
Drum strebe, an dem viel zu steilen
und viel zu rauen Stil zu feilen,
damit er glatt und eben wird.

Dichterwort

Hier und da ein Wort zu dichten,
manche Silbe dort zu wichten,
wie es gerade reicht, zu leimen
und die Worte leicht zu reimen,
selten führt zum Meisterwerke.

Nur wer dieses weiß, der merke:
Schwer ist's, rechtes Wort zu finden,
die Geschichte fortzuwinden,
dass ein Schluss im Werke steht,
aus dem Geistesstärke weht.

Besser nur, als Stroh zu weben,
ist es, nach Niveau zu streben.

Kindergottesdienst

Die Kinder geh'n zur Kindermesse,
nicht freche nur, auch minder kesse.
Voll Güte diesen kleinen Rangen
der Herr in allen Lagen blieb.
Die Stimmen hell im Reinen klangen.
Da hat er alle Blagen lieb.

Gespenster

Ich sehe der Gespenster viele,
wenn ich des Nachts am Fenster spiele.
Auch seh' ich an dem Fenster Spuren,
weil hier ums Haus Gespenster fuhren.
Selbst in den kleinsten Fensterspalten,
ent können sich Gespenster falten.
Soll ich den Blick zum Fenster sparen,
wenn draußen die Gespenster fahren?

Treib' ich am off'nen Fenster Sport,
scheucht das die Nachtgespenster fort.
Dann weicht der ganze Fensterspuk,
der Un- und auch Gespensterfug.

Schüttelberg
frei nach Christian Morgenstern

Blödem Volk nur roh begreiflich,
Reime gieß wie Zinn als Spiel,
schüttel auch das Grobe reiflich,
siehst du dies' Gespinn als Ziel.

Magst es nennen Dichterlaunen.
Sieh nicht nur das Leben ernst:
Schweb' inmitten lichter Daunen,
wenn du Schütteln eben lernst!

Das Mondschaf
frei nach Christian Morgenstern

Das Mondschaf hat „gut' Nacht!" gesagt,
d.h., es wurde sacht genagt
von seinem hehren Denker.
Der übergibt zur Stunde sich,
ihm fehlt halt der gesunde Stich,
der Welt und deren Henker.

frei nach Christian Morgenstern

Rasen lass die Moleküle,
wie sie auch zusammenstoßen!
Schüttlerhirn entstammen Soßen,
fließend bis zur Kohlemühle.

Das Mondschaf
frei nach Christian Morgenstern

Das Mondschaf auf der schiefen Tour,
es haart und harrt der tiefen Schur.
   Das Mondschaf.

Das Mondschaf isst seit Wochen Kohl,
doch sollte es ihn kochen wohl.
   Das Mondschaf.

Das Mondschaf im Gesichtertraum
wähnt sich in einem Trichtersaum.
   Das Mondschaf.

Das Mondschaf litt am Morgen sehr.
Nur tot hätt's keine Sorgen mehr.
   Das Mondschaf.

Der Zwölf-Elf
frei nach Christian Morgenstern

Der Zwölf-Elf hebt die linke Hand:
Da schlägt es zwölf im Hinkeland.

Es lauscht der Teich dem hohlen Mund.
Ganz leise heult der Molenhund.

Die Dommel reckt sich meist im Rohr.
Der Moosfrosch aber reist im Moor.

Der Schneck horcht auf im Modenhaus;
desgleichen auch die Hodenmaus.

Das Irrlicht ist auf Rast geeicht,
ein Baum hat ihm den Ast gereicht.

Sophie, die hat ein Rehgesicht:
Das Mondschaf geht zum Seegericht.

Die Galgenbrüder kühlt ein Wind.
In seinen Kissen wühlt ein Kind.

Zwei Maulwürf' küssen stündlich, seht's,
vor der Vermählung sündlich stets.

Hingegen tief im Baltenwald
ein Nachtmahr die Gewalten ballt.

Dieweil ein später Wand'rer eilt,
bei seiner Frau ein and'rer weilt.

Der Rabe Ralf rief deftig: „Kra!
Das Ende ist gleich kräftig da!"

Der Zwölf-Elf senkt die linke Hand:
Und wieder schläft das Hinkeland.

Die Trichter
frei nach Christian Morgenstern

Zwei Trichter mit verengtem Rohr,
die wandeln mit verrenktem Ohr,
da fließt aus mancher
Wund' so Eiter
auf ihren
Waldweg
u.s.
w.

Nachwort

Weil ich nun mal aufs Dichten scharf,
auch Vers auf Vers ich schichten darf,
mich nicht für mein Gerüttel schäm',
drum nennt man mich den Schüttelrehm.